A

Wo kannst du ein **A** hören, am Wortanfang, in der Mitte oder am Ende? Kreuze an.

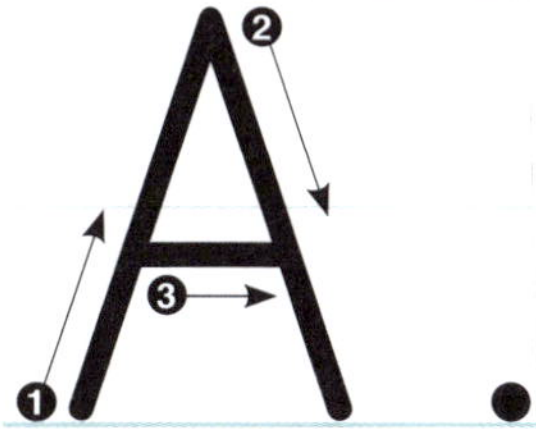

A wie AMPEL

Übe hier den Buchstaben **A**. Beginne am schwarzen Punkt.

A B C D E F G H I J K L M N O P Q R S T U V W X Y Z

Wo im Wort kannst du das **B** hören? Kreuze an.

B wie BAUM

Übe hier den Buchstaben **B**. Beginne am schwarzen Punkt.

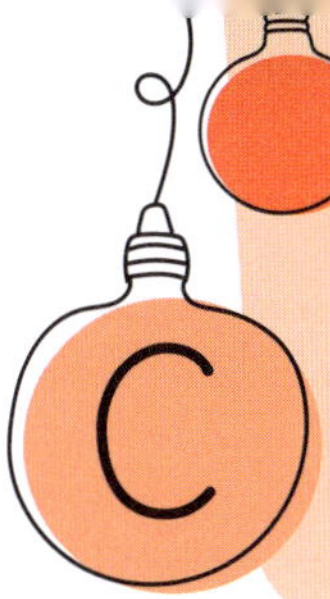

Kreise die Gegenstände ein, die mit **C** beginnen.

C wie COMPUTER

Übe hier den Buchstaben **C**. Beginne am schwarzen Punkt.

Wo im Wort kannst du das **D** hören? Kreuze an.

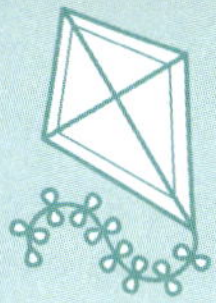

D wie DACH

Übe hier den Buchstaben **D**. Beginne am schwarzen Punkt.

A B C D E F G H I J K L M N O P Q R S T U V W X Y Z

Wo im Wort kannst du das **E** hören? Kreuze an.

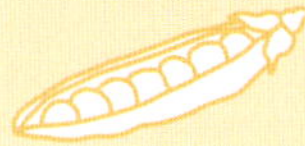

E wie ELEFANT

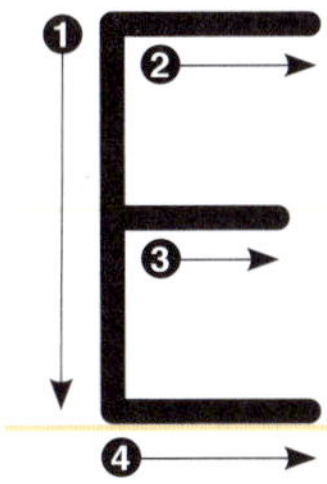

Übe hier den Buchstaben **E**. Beginne am schwarzen Punkt.

Kreise die Gegenstände ein, die mit **F** beginnen?

F wie FLASCHE

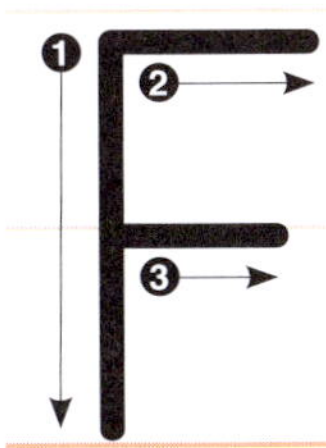

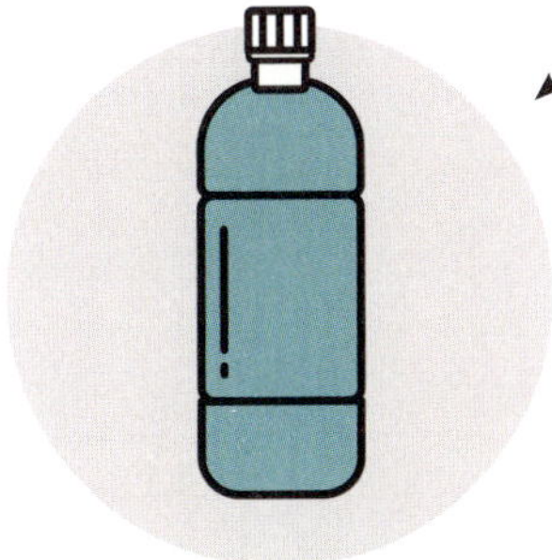

Übe hier den Buchstaben **F**. Beginne am schwarzen Punkt.

A B C D E **F** G H I J K L M N O P Q R S T U V W X Y Z

Wo im Wort kannst du das **G** hören? Kreuze an.

G wie GABEL

Übe hier den Buchstaben **G**. Beginne am schwarzen Punkt.

Kreise die Gegenstände ein, die mit **H** beginnen.

H wie HASE

Übe hier den Buchstaben **H**. Beginne am schwarzen Punkt.

A B C D E F G H I J K L M N O P Q R S T U V W X Y Z

Wo im Wort kannst du das **I** hören? Kreuze an.

I wie IGEL

Übe hier den Buchstaben **I**. Beginne am schwarzen Punkt.

A B C D E F G H I J K L M N O P Q R S T U V W X Y Z

Kreise die Gegenstände ein, die mit **J** beginnen.

J wie JACKE

Übe hier den Buchstaben **J**. Beginne am schwarzen Punkt.

A B C D E F G H I J K L M N O P Q R S T U V W X Y Z

Wo im Wort kannst du das **K** hören? Kreuze an.

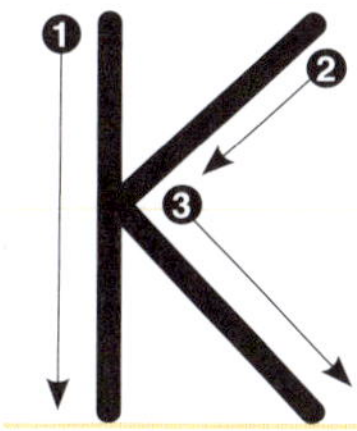

K wie KOFFER

Übe hier den Buchstaben **K**. Beginne am schwarzen Punkt.

A B C D E F G H I J K L M N O P Q R S T U V W X Y Z

Wo im Wort kannst du das **L** hören? Kreuze an.

L wie LÖWE

Übe hier den Buchstaben **L**. Beginne am schwarzen Punkt.

A B C D E F G H I J K L M N O P Q R S T U V W X Y Z

Wo im Wort kannst du das **M** hören? Kreuze an.

M wie MAUS

M.

Übe hier den Buchstaben **M**. Beginne am schwarzen Punkt.

Kreise die Gegenstände ein, die mit **N** beginnen.

N wie NUDEL

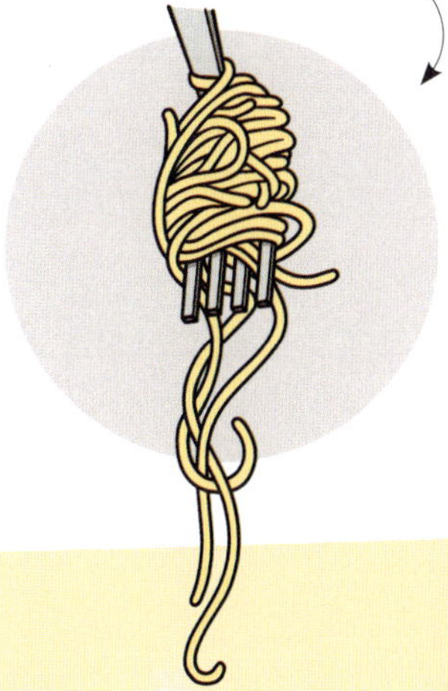

Übe hier den Buchstaben **N**. Beginne am schwarzen Punkt.

Wo im Wort kannst du das **O** hören? Kreuze an.

O wie OMA

Übe hier den Buchstaben **O**. Beginne am schwarzen Punkt.

A B C D E F G H I J K L M N O P Q R S T U V W X Y Z

P

Wo im Wort kannst du das **P** hören? Kreuze an.

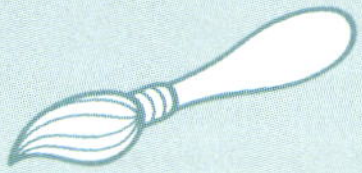

P wie Pilz

Übe hier den Buchstaben **P**. Beginne am schwarzen Punkt.

A B C D E F G H I J K L M N O P Q R S T U V W X Y Z

Kreise die Gegenstände ein, die mit **Q** beginnen?

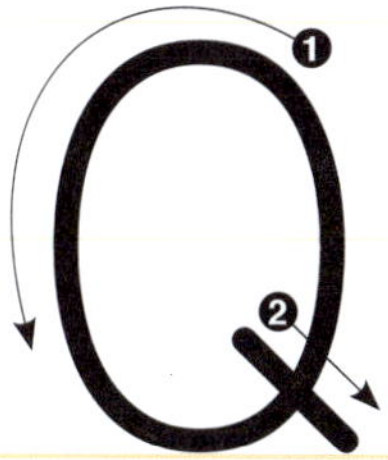

Q wie QUALLE

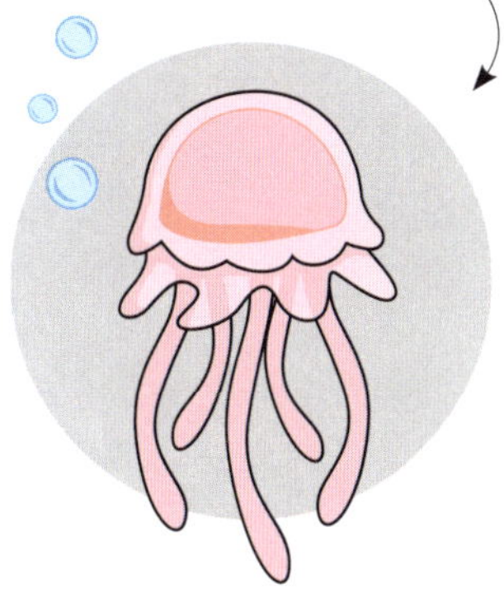

Übe hier den Buchstaben **Q**. Beginne am schwarzen Punkt.

A B C D E F G H I J K L M N O P Q R S T U V W X Y Z

Wo im Wort kannst du das **R** hören? Kreuze an.

R wie RAKETE

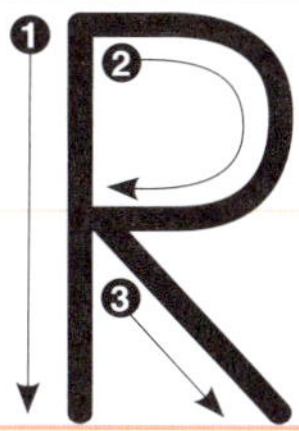

Übe hier den Buchstaben **R**. Beginne am schwarzen Punkt.

A B C D E F G H I J K L M N O P Q R S T U V W X Y Z

S

Wo im Wort kannst du das **S** hören? Kreuze an.

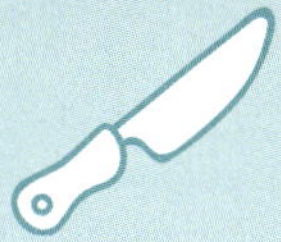

S wie SONNE

Übe hier den Buchstaben **S**. Beginne am schwarzen Punkt.

Wo im Wort kannst du das **T** hören? Kreuze an.

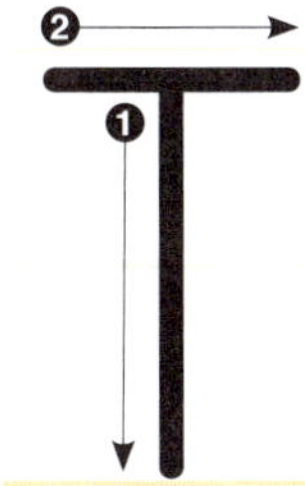

T wie TASSE

Übe hier den Buchstaben **T**. Beginne am schwarzen Punkt.

A B C D E F G H I J K L M N O P Q R S T U V W X Y Z

Kreise die Gegenstände ein, die mit **U** beginnen.

U wie UHR

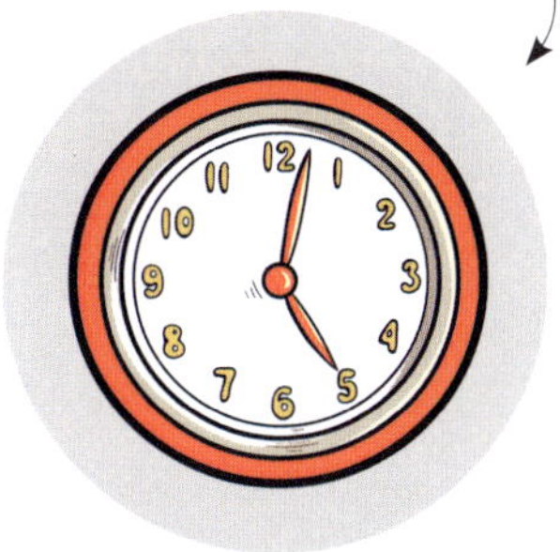

Übe hier den Buchstaben **U**. Beginne am schwarzen Punkt.

A B C D E F G H I J K L M N O P Q R S T U V W X Y Z

V wie VOGEL

W wie WOLKE

Übe hier den Buchstaben **V**. Beginne am schwarzen Punkt.

Übe hier den Buchstaben **W**. Beginne am schwarzen Punkt.

X wie XYLOPHON

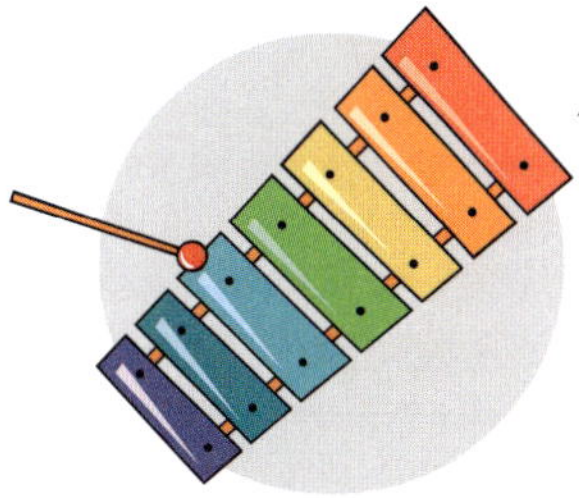

Y wie YACHT

Übe hier den Buchstaben **X**. Beginne am schwarzen Punkt.

Übe hier den Buchstaben **Y**. Beginne am schwarzen Punkt.

Z

Wo im Wort kannst du das **Z** hören? Kreuze an.

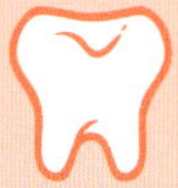

Z wie ZELT

Übe hier den Buchstaben **Z**. Beginne am schwarzen Punkt.

A B C D E F G H I J K L M N O P Q R S T U V W X Y Z